W0077786

Gibt's bei euch auch Weihnachten?

Die Weltreligionen – für Kinder erklärt

Von Benoit Marchon
in Zusammenarbeit mit
Anne Laudenbach und François Mourvillier

Illustrationen von Jean-François Kieffer

Aus dem Französischen übersetzt von Katja Douvier

Kreuz Verlag

DIE RELIGIONEN: WEGE ZU GOTT

Seitdem die Menschen auf der Erde leben, stellen sie sich immer wieder dieselben Fragen. Warum leben wir? Was kommt nach dem Tod? Warum sehnen wir uns danach, glücklich zu sein? Woher kommt das Bedürfnis nach Liebe, woher die Gewalt in jedem von uns? Gibt es außer dem, was man sehen und anfassen kann, nicht noch etwas anderes? Gibt es einen Gott oder Götter?

Zu allen Zeiten haben die Menschen nach Antworten auf diese Fragen gesucht, und so sind die Religionen entstanden. („Religion" kommt von dem lateinischen Wort „religio", das bedeutet „das Verbindende".) Jede Religion bietet einen Weg, das Leben mit dem Tod, das Sichtbare mit dem Unsichtbaren zu verbinden, um dem näher zu kommen, was wir Gott nennen.

Es gibt viele verschiedene Religionen auf der Welt. Dieses Buch stellt die sechs bekanntesten vor: die Stammesreligionen,

den Hinduismus, das Judentum, den Buddhismus, das Christentum und den Islam.*
Jede wird durch das beschrieben, was man am besten sehen kann und was sie am meisten von den anderen unterscheidet: den Glauben, die heiligen Bücher, die Feste, die Gebetshäuser. Aber am wichtigsten bei jeder Religion ist das, was im Herzen geschieht.

In Deutschland gibt es viele Christen. Sie glauben, daß Jesus Christus den besten Weg zu Gott gezeigt hat. Aber es ist ihnen auch wichtig zu erfahren, was andere Menschen glauben und in anderen Religionen erleben.

* Sie werden in der Reihenfolge ihrer geschichtlichen Entstehung vorgestellt.

Stammesreligionen

Ich heiße Arouna.
Ich bin neun Jahre alt.
Ich lebe in Uganda (Schwarzafrika).
Meine Religion gehört zu den Stammesreligionen.

Woran wir glauben

Alle, die zu meinem Stamm gehören, glauben, daß **Ruhanga** der Schöpfer der Welt ist. Er ist gut, aber er ist weit weg von uns. Die **Geister**, die die Welt beleben, sind uns näher. Sie schützen unsere Gesundheit und sorgen für gute Ernten.

Aber die **Geister der Toten** passen besonders auf uns auf: Wenn wir böse sind, bringen sie uns Katastrophen oder Krankheiten, um uns zu bestrafen.

Unsere heiligen Bücher

Wir haben keine Bücher. Unsere Religion wird seit vielen Jahrhunderten in Form von Geschichten weitergegeben, die die **Alten** den Jüngeren abends am **Feuer** erzählen.

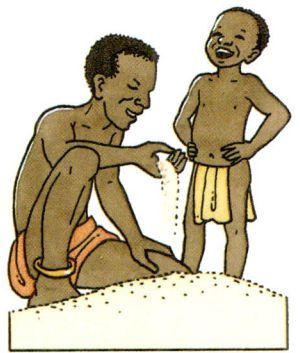

Unsere religiösen Bräuche

Wir beten sehr oft zu den Geistern, damit sie uns beschützen. Und wir ehren unsere Toten, damit ihre Geister freundlich zu uns sind. Als mein Großvater gestorben ist, hat das ganze Dorf ein großes Fest gefeiert, mit **Prozessionen, Gesängen** und **Tänzen** zum Klang des Tam-Tam. Einige von uns trugen geschmückte und bunt bemalte **Masken**, um die unsichtbaren Geister darzustellen.

Unsere Gebetsorte

Wir haben kein besonderes Haus, um zusammen zu beten. Unsere Feste finden auf dem **Dorfplatz** statt.

Als ich einmal krank war, holten meine Eltern den **Medizinmann**. Das ist jemand, der mit Gebeten die bösen Geister aus dem Körper vertreibt und Krankheiten mit Pflanzen behandelt.

Unsere großen Feste

Einmal im Jahr, zu Frühlingsanfang, feiern wir ein großes Fest und bitten **Ruhanga**, uns vor Katastrophen zu schützen und uns eine gute Ernte zu gewähren.

Was ich über meine Religion denke

Ich liebe die Abende am Feuer. Die **Alten** erzählen uns wunderbare Geschichten von der Erschaffung der Welt und den Geistern. Ich versuche, sie zu behalten, damit ich sie später meinen Kindern erzählen kann.
Aber wenn ich von hier fortgehe, um wie meine Onkel in einer großen Stadt zu arbeiten, wird es diese Abende am Feuer und die Feste, bei denen alle einander kennen, nicht mehr geben.

Dies ist ein Gebet an die Natur, das wir zum Jahresanfang sprechen:

„Berge und Erde, nah und fern,
seid uns gnädig.
Ihr Geister, die ihr darin wohnt,
seid nachsichtig mit uns.
Laßt eure Kinder, die Tiere,
heraus, daß wir sie fangen
für das große Feuer,
das wir morgen entfachen werden.
Wir wollen euch das Beste
von ihrem Fleisch schenken,
euch Leber und Herz opfern.
Beschützt die Jäger
vor Verletzungen
und vor dem Tod."

Der Hinduismus

Ich heiße Sita.
Ich bin acht Jahre alt.
Ich lebe in Indien (Asien).
Meine Religion ist der
Hinduismus.

Woran wir glauben

In unserer Religion gibt es mehrere **tausend Götter**. Die bekanntesten sind **Brahma, Vishnu** und **Shiva**. Aber sie sind nur verschiedene Darstellungen eines **einzigen Gottes**. Meine Eltern haben mir erklärt, daß Gott in jedem von uns wohnt und daß unser ganzes Leben ein Weg werden soll, ihn zu entdekken.

Unsere Seele stirbt nicht, wenn wir sterben. Wir glauben an die **Wiedergeburt**: Wenn unser Leben gut gewesen ist, wird unsere Seele in einem anderen menschlichen Körper ein neues Leben, noch näher bei Gott, haben. Aber wenn wir ein schlechtes Leben geführt haben, dann wird die Seele in einem unglücklichen Leben als Mann, als Frau oder sogar als Tier wiedergeboren.

Shiva

Vishnu

Brahma

Unsere heiligen Bücher

Viele hinduistische heilige Bücher erzählen vom Leben der Götter. Das älteste Buch heißt **Rig-Veda** und ist vor mehr als 3000 Jahren geschrieben worden.

Ein anderes Buch, das von den Hindus viel gelesen wird, heißt **Bhagavadgita**. Das bedeutet „Gesang des Herrn". Es sind die Lehren des Gottes **Krishna**.

Unsere religiösen Bräuche

Jeden Tag beten meine Eltern zu Hause ihren **Puja**: Sie sitzen im Meditationssitz vor dem Bildnis eines Gottes, sprechen Gebete und zünden **Räucherstäbchen** an. Dann schenken sie dem Gott Blumen und Speisen. Wir haben viele sehr bunte Bilder von den wichtigsten Göttern.

Wenn ich groß bin, nehmen meine Eltern mich mit an den **Ganges**. Das ist Indiens heiliger Fluß. Jeden Tag kommen Millionen hinduistischer Inder.* Sie beten und waschen sich in dem heiligen Fluß, um ihre Seele zu **reinigen**.

* „Inder" (Bewohner Indiens) ist nicht mit „Hindu" (der hinduistischen Religion angehörig) zu verwechseln.

Unsere Gebetsorte

Manchmal gehen wir in den **Tempel**, um zu beten. Dort bringen die **Brahmanen** den Göttern die **Opfer** der Gläubigen dar: Blumen, Geld oder Speisen. Später verteilen sie die Gaben an die Armen und behalten auch etwas für sich.

Unsere großen Feste

Es gibt bei uns viele fröhliche, schöne Feste. Mein Lieblingsfest ist **Dawali**, das Lichtfest im Oktober. Da leuchten Tausende kleiner Öllämpchen in den Fenstern, um den Tempel und die Götterstatuen herum. Und es gibt Knallfrösche und Feuerwerk zu Ehren von Vishnu.

Außerdem gefällt mir das **Holi**-Fest im Frühling. Das ist sehr lustig: In den Straßen werden große Feuer angezündet, und man besprüht sich die Kleider mit Wasser und buntem Puder zu Ehren von **Kama**, dem Gott der Liebe.

Was ich über meine Religion denke

Ich lese gern die Geschichten von den Göttern. In Indien gibt es darüber viele **Bildergeschichten**.

Es fällt mir noch schwer, zu begreifen, wer dieser Gott ist, aber ich weiß, daß ich mein ganzes Leben, ja sogar mehrere Leben habe, um den Weg zu finden, der mich zu ihm führt.

Eins unserer Gebete

Dies ist der Anfang eines Bußgebetes, mit dem wir die Götter bitten, uns unsere Fehler zu verzeihen:

„Wenn wir euch durch unser Tun
verärgert haben, ihr Götter,
erlöst mich davon, erlöst mich
nach eurem Gesetz!
Erlöst mich von dem Bösen, das uns passiert,
auch wenn ein anderer es tut!"

„Von dem Bösen, das aus den Worten
eines Freundes oder Verwandten,
des ältesten Bruders
oder des jüngsten entsteht,
von dem Bösen, das wir, ohne es zu wissen,
gegen die Götter getan haben.
erlöse uns,
du, der du alle Dinge kennst!"

Das Judentum

Ich heiße Ofer.
Ich bin zehn Jahren alt.
Ich lebe in Israel (Vorderer Orient).
Meine Religion ist das Judentum.

Woran wir glauben

Unsere Religion ist eine der ältesten der Welt. Vor fast 4000 Jahren ließ sich ein Mann mit seiner Familie in **Kanaan** (dem heutigen Israel) nieder. Er hieß **Abraham**. Er sagte: Es gibt nur einen Gott, der mit uns seinen **Bund** schließen will.

Jakob, einer der Enkel Abrahams, wurde der Stammvater des **jüdischen Volkes**.

Wir glauben, daß Gott in unserer ganzen Geschichte gegenwärtig ist. Und wir warten auf den **Messias**, den Gesandten Gottes.

Wenn er kommt, wird die ganze Erde Frieden und Gerechtigkeit erfahren.

Unsere heiligen Bücher

Wir studieren häufig die **Thora** (im Hebräischen bedeutet das „die Lehre"). Manchmal nennen wir sie auch die **Bibel**. Darin findet man die alte Geschichte unseres Volkes und die **Weisung**, die Gott uns gab, damit wir danach leben, wie er es wünscht.

Abraham

Unsere religiösen Bräuche

Jede Woche, von Freitagabend bis Samstagabend, feiern wir im Kreis der Familie den **Sabbat**. Wir arbeiten dann nicht, damit wir besser an Gott denken können. Am Freitagabend singen und beten wir zusammen vor dem gedeckten Tisch. Mein Vater, mein großer Bruder und ich tragen auf dem Kopf den **Kipa**, zum Zeichen der Ehrfurcht vor Gott. Unser Essen ist **koscher**, das heißt, es ist nach ganz bestimmten Regeln zubereitet. Das Fleisch muß zum Beispiel ganz ausgeblutet sein, und man darf es nicht mit Milchprodukten vermischen.

Zopfbrote für den Sabbat

Unsere Gebetsorte

Am Samstagmorgen gehen wir in die **Synagoge**, um dort zu beten und ein Stück aus der Thora zu hören, das uns der **Rabbiner** erklärt.

Die Thora ist auf große **Rollen** geschrieben. Das Schränkchen, in dem sie aufbewahrt werden, heißt **Bundeslade**.

Die Klagemauer in Jerusalem

Unsere großen Feste

Das wichtigste Fest ist **Jom Kippur**, das Versöhnungsfest im Herbst. An diesem Tag wird nicht gegessen, nicht getrunken und nicht gearbeitet – das alles, um uns mit den anderen zu versöhnen und von Gott die Vergebung der Sünden zu erlangen.

Das **Passah**-Fest im Frühjahr ist auch ein großes Fest: Es erinnert uns daran, wie Gott das jüdische Volk, geführt von **Moses**, aus der Sklaverei in Ägypten befreit hat.

Passah

Chanukka im Dezember finde ich auch schön. Während acht Tagen wird jeden Abend eine Kerze mehr an einem neunarmigen Leuchter angezündet, an dem eine Kerze die ganze Zeit brennt. Und die Kinder bekommen Geschenke!

Das Ende von Jom-Kippur

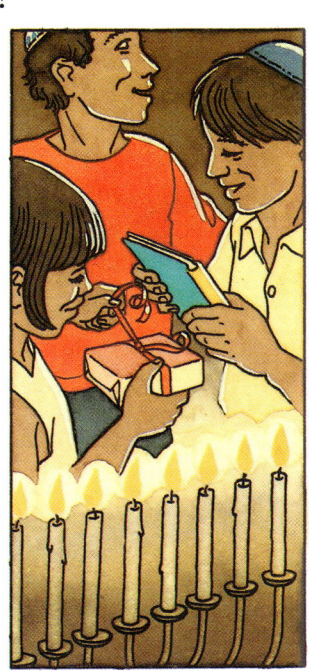

Chanukka

23

Was ich über meine Religion denke

Ich kann meinen 13. Geburtstag kaum erwarten: dann mache ich meine **Bar-Mizwa**. Ich werde zum ersten Mal vor allen anderen in der Synagoge ein Stück aus der Thora vorlesen. Von da an bin ich für das, was ich tue, vor Gott und den anderen selbst verantwortlich.

Aber manchmal habe ich Angst vor dem Haß gewisser Menschen auf die Juden.

Eins unserer Gebete

Wir beten oft das **Schema**, das bedeutet „höre" (das ist auch das erste Wort des Gebetes):

שְׁמַע, יִשְׂרָאֵל

„Höre, Israel,
Der Herr, unser Gott, ist ein einiger Herr,
Und du sollst den Herrn, deinen Gott, liebhaben
von ganzem Herzen,
von ganzer Seele, von allem Vermögen.
Und diese Worte, die ich dir heute gebiete,
sollst du dir zu Herzen nehmen
und sollst sie deinen Kindern einschärfen
und davon reden, wenn du in deinem Hause sitzest
oder auf dem Wege gehst,
wenn du dich niederlegst oder aufstehst;
und sollst sie binden zum Zeichen auf deine Hand
und sollen dir ein Denkmal vor deinen Augen sein;
und sollst sie
über deines Hauses Pfosten schreiben
und an die Tore."

Der Buddhismus

Ich heiße Katsuko.
Ich bin sieben Jahre alt.
Ich lebe in Japan (Asien).
Meine Religion ist der
Buddhismus.

Woran wir glauben

Wir haben keinen Gott. Unser Vorbild ist **Buddha**, das bedeutet **der Erwachte**. Diesen Namen gab man dem Prinzen **Siddharta Gautama**. Er ist vor ungefähr 2500 Jahren zur Welt gekommen. Er lehrte, daß das Leben Leiden ist, und daß das Leiden aus dem Verlangen nach Besitz kommt. Um den Frieden zu erlangen, ist es notwendig, ein Leben ohne Gewalt zu führen und alle selbstsüchtigen Wünsche aufzugeben.

Unsere heiligen Bücher

Unser wichtigstes heiliges Buch heißt **Tripi-taka**, der Dreikorb. Es erzählt vom Leben Buddhas und enthält seine Predigten.

Unsere religiösen Bräuche

Zu Hause haben wir einen **Butsudan**. Das ist ein kleiner **Altar**, vor dem wir im Kreis der Familie beten. Es gibt ein Bild von Buddha, Tafeln mit den Namen unserer **Vorfahren** und **Räucherstäbchen**.

Unsere Gebetsorte

Wir gehen in die **Pagode**, um Buddha Speiseopfer zu bringen.

Die Mönche leben in Klöstern. Man kann sie leicht an ihrem gelb-orangenen Gewand und dem kahlgeschorenen Kopf erkennen.

Unsere großen Feste

Am 8. April ist das **Blumenfest**: Wir feiern Buddhas Geburt. In den Tempeln wird ein Blumenaltar mit einer Statue Buddhas als Kind aufgestellt. Über sie gießt man süßen Tee.

Im Juli feiern wir Buddhas Tod und ehren die **Geister** der Vorfahren: Da lassen wir kleine Lampen auf dem Wasser schwimmen.

Was ich über meine Religion denke

Manchmal wundere ich mich, wie viele Möglichkeiten es gibt, den Buddhismus auszuüben. Aber ich weiß, daß es vor allem darauf ankommt, ein anständiges Leben zu führen, die Eltern zu achten und in der Schule gut mitzuarbeiten.

Eins unserer Gebete

Abends wiederhole ich vor unserem Butsudan mehrmals folgenden Satz:
Nam Myoho Renge Kyo.
Das heißt: Ich erwache zum Leben.

Klostergarten

Das Christentum

Ich heiße Sebastian.
Ich bin elf Jahre alt.
Ich lebe in Deutschland (Europa).
Meine Religion ist das Christentum.

Woran wir glauben

Ich bin katholisch. Aber es gibt drei christliche Familien: die **Katholiken**, die **Protestanten** und die **Orthodoxen**. Vor sehr langer Zeit haben sie sich voneinander geschieden, weil sie sich über bestimmte Glaubensfragen nicht einig werden konnten.

Wir glauben alle an Gott, den Vater und Schöpfer der Welt. Wir glauben auch an **Jesus Christus**, den **Erlöser**, den **Sohn Gottes**. Jesus war Jude. Er hat vor fast 2000 Jahren in Palästina gelebt. Jesus ist am **Kreuz** gestorben, aber seine **Jünger** haben ihn gesehen:

auferstanden und auf geheimnisvolle Weise lebendig. Wir hoffen darauf, daß Gott auch uns nach unserem Tod auferstehen läßt, so wie er Jesus auferweckt hat.

Und wir glauben, daß Gott den Menschen seinen **Heiligen Geist** schenkt, damit wir durch ihn leben und lieben, wie Jesus es uns gezeigt hat.

Unsere heiligen Bücher

Das Buch der Christen ist die **Bibel**, das bedeutet: die heilige Schrift. Eigentlich ist das eine Sammlung von vielen Büchern, die zwei Teile hat: das **Alte Testament** und das **Neue Testament**. Das Alte Testament enthält die Bücher der jüdischen Bibel (siehe Seite 19). Die wichtigsten Bücher des Neuen Testaments sind die **vier Evangelien**. Darin wird erzählt, was Jesus gesagt und getan hat.

Als ich klein war, haben meine Eltern mich taufen lassen. Durch die **Taufe** bin ich in die große Familie der Christen aufgenommen: die **Kirche**.

Sonntags versammeln wir uns, um die **Messe** zu feiern (die Protestanten nennen es **Gottesdienst**, die Orthodoxen **göttliche Liturgie**). Wir hören Texte aus der Bibel, und wir wiederholen das letzte **Abendmahl**, das Jesus mit seinen Jüngern feierte, indem wir Brot und Wein miteinander teilen. In der **Kommunion** vereinigen wir uns mit dem Leben Jesu, damit der Heilige Geist uns hilft, Gott und die anderen Menschen zu lieben.

Das Gebetshaus der Christen ist die Kirche. Die geistlichen Führer der Katholiken sind die **Priester**, die **Bischöfe** und der **Papst**. Die Protestanten haben **Pastoren** oder **Pfarrer** und die Orthodoxen **Priester**, **Bischöfe** und **Patriarchen**.

kath.
Priester

protest.
Pfarrer

orth.
Priester

Am 25. Dezember ist **Weihnachten**. Da feiern wir die Geburt Jesu. Einen Tag vorher, an Heilig Abend, gehen wir mit der ganzen Familie zu einer fröhlichen Messe. Und danach gibt es Geschenke für alle. Die Orthodoxen feiern das Weihnachtsfest am 6. Januar.

Das größte Fest für alle Christen ist das **Osterfest** im Frühling. An diesem Tag feiern wir die Auferstehung Jesu und das ewige Leben. Es ist wirklich das Fest des Lebens, des Lichts und der **Auferstehung**!

Die Geschichte von Jesus gefällt mir sehr: Er verteidigt die Armen, die Unglücklichen und die Ausgestoßenen.

Als ich zum ersten Mal bei der Messe die Kommunion empfangen durfte, habe ich mich sehr gefreut. Ich habe meine ganze Familie und meine Freunde zu meiner **Erstkommunion** eingeladen.

Ich verstehe nicht, warum die Christen sich in Katholiken, Protestanten und Orthodoxe geteilt haben. Sie haben sogar Krieg gegeneinander geführt! Zum Glück erkennen sie heute ihre Verschiedenheiten an und versuchen, sich einander anzunähern.

Unser schönstes Gebet ist das Vaterunser,
das Jesus uns gelehrt hat:

„Vater unser, der du bist im Himmel,
geheiligt werde dein Name.
Dein Reich komme.
Dein Wille geschehe
wie im Himmel so auf Erden.
Unser tägliches Brot gib uns heute,
und vergib uns unsere Schuld,
wie auch wir vergeben unsern Schuldigern.
Und führe uns nicht in Versuchung,
sondern erlöse uns von dem Bösen.
Amen."

Der Islam

Ich heiße Touria.
Ich bin neun Jahre alt.
Ich lebe in Tunesien
(Nordafrika).
Meine Religion ist der Islam.

Woran wir glauben

Wir glauben, daß **Allah** der Einzige, der Allmächtige, der Barmherzige ist.

„Islam" heißt: „völlige Hingabe" (an Allah). Für uns **Moslems** ist **Mohammed** der **Prophet**, der von Gott eine Botschaft bekam, um sie den Menschen zu verkünden. Mohammed wurde um 570 in **Mekka** (in Arabien) geboren.

Wir sind überzeugt, daß **Abraham, Moses** und **Jesus** auch Propheten waren, nur nicht so bedeutende wie Mohammed.

Unsere heiligen Bücher

Die Botschaften, die Mohammed empfing, wurden von seinen Schülern aufgeschrieben und einige Jahre nach seinem Tod in einem Buch versammelt: das ist der **Koran** (das heißt: „das Buch der Lesungen").

Meine Brüder gehen in die **Koran-Schule**, wo sie Teile aus diesem Buch lernen.

Mohammed hört Allah

Um Moslem zu werden, muß man in festem Glauben sprechen: „Es gibt keinen anderen Gott als Allah, und Mohammed ist sein Prophet." Das ist das **Glaubensbekenntnis**.

Meine Eltern beten fünfmal am Tag. Das Gebet beginnt mit der Reinigung; sie waschen sich Hände, Gesicht und Füße. Dann knien sie sich auf einen **Gebets-Teppich**, wenden sich nach Mekka, sprechen Verse aus dem Koran und werfen sich mehrmals nieder.

Einmal im Jahr ist **Ramadan**, einen ganzen Monat lang. Die Erwachsenen essen, trinken und rauchen nicht, solange es Tag ist. Jeder tut das, um mit Anteilnahme an die Hungernden denken zu können, sich von seinen Fehlern zu reinigen und sein Herz Allah zu nähern.

Unsere Gebetsorte

Jeden Freitag zur Mittagszeit geht mein Vater mit den anderen Männern in die **Moschee**. Der **Muezzin** ruft sie vom **Minarett** aus zum Gebet. Bevor sie hineingehen, ziehen die Männer ihre Schuhe aus. Der Boden der Moschee ist mit Teppichen zum Beten bedeckt. Der **Imam** leitet das Gebet und belehrt uns.

Gebet in der Moschee

Der Ruf des Muezzin

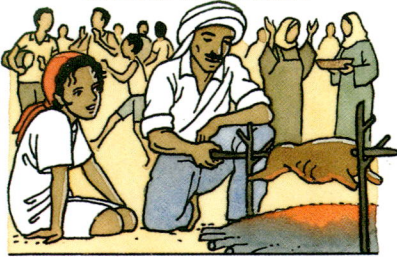

Aid-el-Kebir

Unsere großen Feste

Am Ende des Ramadan gibt es ein großes Familien-Essen: **Aid-el-Seghir**, das Fest, bei dem sich Zerstrittene wieder versöhnen.

Es gibt auch **Aid-el-Kebir**. Die Erwachsenen gehen da zum großen Gebet in die Moschee. Danach essen wir ein Lamm, in Erinnerung an den Propheten Abraham und sein Opfer.

Wenn man kann, soll man einmal im Leben eine **Pilgerfahrt** nach Mekka machen. Dort bittet man Allah um die Vergebung der Sünden. Mein Großvater ist in Mekka gewesen. Als er züruckkehrte, haben wir ein großes Fest gefeiert, das mehrere Tage gedauert hat.

Wallfahrtsstätte in Mekka

Was ich über meine Religion denke

Ich bin stolz, ein Moslem zu sein und zu zeigen, daß ich an Allah glaube. Ich weiß, daß wir seinen Geboten gehorchen müssen. Wenn ich größer bin, werde ich fünf mal am Tag beten und am Ramadan teilnehmen. Ich werde auch versuchen, **Almosen** zu geben, wie es der Koran verlangt, und den Armen Geld schenken. So beachte ich die **fünf Pfeiler des Islam**: Glaubensbekenntnis, Gebet, Fasten, Wallfahrt und Almosen.

Meine Cousins und Cousinen in Deutschland glauben auch an Allah, aber sie können während der Arbeitszeit nicht beten, und in ihrer Stadt gibt es meistens keine Moschee.

Eins unserer Gebete

Dieses Gebet, das wir jeden Morgen sprechen, ist die erste **Sure** (oder: das erste Kapitel) des Koran:

**„Lob sei Gott, dem Herrn der Welten,
dem Erbarmer, dem Barmherzigen,
der Verfügungsgewalt besitzt
über den Tag des Gerichts.
Dir dienen wir
und dich bitten wir um Hilfe.
Führe uns den geraden Weg,
den Weg derer, die du begnadet hast,
die nicht dem Zorn verfallen
und nicht irregehen."**

Die großen Religionen in Zahlen

Das Christentum Es gibt ungefähr 1 Milliarde und 729 Millionen Christen auf der Welt; das ist die größte religiöse Familie. Von ihnen sind 902 Millionen Katholiken, 484 Millionen Protestanten und 183 Millionen Orthodoxe. Die katholischen Christen sind vor allem in Süd-Amerika und Europa sehr zahlreich, die Protestanten in Nord-Amerika und Westeuropa und die Orthodoxen in Osteuropa und Rußland.

Der Islam Es gibt ungefähr 902 Millionen Moslems auf der Welt. Nach den Christen bilden sie die zweitgrößte religiöse Familie. Sie leben vor allem in einigen Ländern Asiens, Afrikas und in Rußland.

Der Hinduismus Es gibt ungefähr 710 Millionen Hindus auf der Welt. Die meisten von ihnen leben in Indien (Asien).

Der Buddhismus Es gibt ungefähr 325 Millionen Buddhisten auf der Welt. Sie leben vor allem in den asiatischen Ländern.

Stammes- **Religionen.** Unter diesem Begriff sind verschiedene Religionen zusammengefaßt, die man auch animistische oder Natur-Religionen nennt. Sie haben sehr verschiedene Namen. Es gibt etwa 200 Millionen Angehörige dieser Stammesreligionen auf der Welt. Sie leben vor allem in Schwarzafrika und in Asien.

Das Judentum Es gibt ungefähr 19 Millionen Juden auf der Welt. Sie sind eine kleine religiöse Familie, aber aus ihr ist das Christentum hervorgegangen, und ihre Bedeutung bleibt groß. Viele Juden leben in den Vereinigten Staaten, in Israel und in Rußland.

INHALT

1 2 3 4 5   98 97 96 95 94

Die Originalausgabe ist 1990 unter dem Titel
„Les grandes Religions du Monde" erschienen
© BAYARD PRESSE – DEPARTEMENT LIVRES
© Für die deutschsprachige Ausgabe, 1994:
Kreuz Verlag Stuttgart, Postfach 80 06 69
70506 Stuttgart, Tel.: 07 11-78 80 30
Satz: Steffen Hahn GmbH, Kornwestheim
Umbruch: Marie-Thérèse Poux
Druck und Bindung: Pollina s. a., F-85400 Luçon n° 65742
ISBN 3 7831 1360 1

48